Basiswissen Konfliktmanagement

Bibliografische Information der Deutschen Nationalbibliothek:

Die Deutsche Nationalbibliothek verzeichnet diese Publikation in

der Deutschen Nationalbibliografie; detaillierte bibliografische

Daten sind im Internet über dnb.dnb.de abrufbar

© 2019 Markus Ort

Herstellung und Verlag: BoD-Books on Demand, Norderstedt

ISBN: 9783749486373

.

Basiswissen Konfliktmanagement

Verfasser: Markus Ort

GLIEDERUNG

1 Einleitung

Viele Menschen haben Angst vor einem Konflikt. Dabei sind Konflikte etwas ganz natürliches. Ein Leben ohne Konflikte zu führen ist nicht möglich.

Dieses Buch haben Sie erworben, weil Sie sich mit dem Thema Konflikte und Konfliktmanagement befassen möchten. Um Ihnen hierbei zu helfen, folgt nach dieser Einleitung in Kapitel 2 die Definition des Konfliktbegriffs. Kapitel 3 grenzt den Konflikt gegenüber anderen zwischenmenschlichen Spannungsverhältnissen ab. Anschließend wird in Kapitel 4 eine systematische Einordnung diverser Konfliktarten vorgenommen, bevor Kapitel 5 nach verschiedenen Konfliktursachen forscht. Kapitel 6 gibt an, in welchen Schritten ungelöste Konflikte eskalieren. Kapitel 7 zeigt auf, anhand welcher Symptome man eine eigene Konfliktbeteiligung erkennen kann. Kapitel 8 stellt die Signale vor, die auf die Betroffenheit an einem kalten (auch versteckten) Konflikt schließen lassen. Weiter führt Kapitel 9 aus, wie unterschiedlich Menschen auf einen Konflikt reagieren. In Kapitel 10 wird systematisch dargelegt, was getan (beziehungsweise vermieden) werden sollte um einen Konflikt zu einem Konsens zu führen und ihn damit zu beenden. Kapitel 11 unterstützt die Konfliktbeilegung mit hilfreichen Tipps bezüglich der Kommunikation im Konflikt, bevor Kapitel 12 die zentralen Aspekte eines Mediationsverfahrens zur Konfliktbeilegung vorstellt. In Kapitel 13 wird die Arbeit in einem Schlusswort abgeschlossen.

Die Kapitel müssen nicht der Reihe nach gelesen werden. Vielmehr ist die Arbeit als rasches Nachschlagwerk mit Überblickscharakter konzipiert. Die einzelnen Kapitel sind daher alle für sich verständlich und in sich abgeschlossen.

Hinweis: Die rein maskuline Formulierung ist allein der besseren Lesbarkeit geschuldet. Angesprochen sind jeweils sämtliche Geschlechter.

2   Definition von Konflikt

Ein Konflikt (vom lateinischen conflictus, was Kampf oder Zusammenstoß bedeutet) liegt vor, wenn eine zwischenmenschliche Spannung gegeben ist, bei der die Konfliktparteien eine sehr hohe emotionale Beteiligung aufweisen und durch die die Beziehung der Kontrahenten zueinander nachhaltig gestört wird. Der Konflikt eskaliert weiter, je länger er nicht gelöst wird. Dadurch geht der Glaube an die Lösbarkeit des Konflikts verloren. Es besteht daher dringender Handlungsbedarf (im Sinne eins Konfliktmanagements).

3 Abgrenzung gegenüber anderen zwischenmenschlichen Spannungen

Keine Konflikte sind:

Die **Kabbelei (auch Frotzelei oder Stichelei)**: Hierbei geht es um eine Auseinandersetzung, die von den Kontrahenten humoristisch ausgetragen wird, ohne dass die Beziehung hierunter nachhaltig leidet.

Die **Meinungsverschiedenheit**: Sie ist kein Konflikt, da ihr das Eskalationspotential fehlt. Auch wird die gemeinsame Beziehung nicht – lediglich aufgrund divergierender subjektiver Ansichten – dauerhaft beeinträchtigt.

Die **argumentative Auseinandersetzung**: Bei ihr werden Sachargumente ausgetauscht. Die Auflösung der verschiedenen Meinungen ist hier möglich und wird im Regelfall auch von den Betroffenen betrieben.

Der **Streit**: Er ist ein Strohfeuer oder Blitzgewitter, bei dem sich die betroffenen Parteien gegebenenfalls wegen geringster Anlässe massiv in die Haare bekommen. Der Streit eskaliert dabei extrem schnell, weshalb es beiderseits zu Überreaktionen kommen kann. Wenn er vorbei ist bereuen die Beteiligten häufig das Gesagte/Getane. Sie versuchen die (gute) Beziehung wieder herzustellen.

Die **Ressourcen- oder Territorialkonflikte**: Verlagert sich der Streit um knappe Güter auf die Beziehungsebene, so kann ein Konflikt entstehen. Bleibt er allein auf der Sachebene, so fehlt ihm das Eskalationspotential und auch die Beziehung wird nicht zwingend negativ belastet.

4 Einteilung von Konflikten

Konflikte lassen sich nach verschiedenen Kriterien einteilen. Die relevantesten Unterscheidungen werden nachfolgend dargestellt.

Nach den Beteiligten wird zwischen intrapersonalen Konflikten (also inneren Konflikten) und interpersonalen Konflikten (also zwischenmenschlichen Konflikten) unterschieden.

- **Intrapersonale Konflikte:** Sie betreffen nur einen Einzelnen. Es kann sich hierbei um einen Annäherungs-Annäherungs-Konflikt (Wahl zwischen zwei sich gegenseitig ausschließenden vorteilhaften Möglichkeiten), Vermeidungs-Annäherungs-Konflikt (Entscheidung bringt einen erwünschten Vorteil, der durch negative Folgen erkauft wird) oder um einen Vermeidungs-Vermeidungs-Konflikt (Wahl zwischen zwei sich gegenseitig ausschließenden negativen Ergebnissen) handeln.

- **Interpersonale Konflikte:** Sie spielen sich zwischen verschiedenen Konfliktparteien ab. Sie werden auch als soziale Konflikte bezeichnet. Gibt es nur zwei Konfliktparteien so spricht man von Zweier- oder auch Paarkonflikten. Der Dreieckskonflikt spielt sich zwischen drei Konfliktparteien ab. Der Gruppenkonflikt liegt vor, wenn mehr als drei Beteiligte gegeben sind.

Hinsichtlich des Inhalts, um den es im Konflikt geht, lassen sich unterscheiden die Sachkonflikte und die Beziehungskonflikte.

- **Sachkonflikte:** Hier wird eine logische, objektiv nachvollziehbare Auseinandersetzung um Fakten und Sachthemen geführt.
- **Beziehungskonflikte:** Hier wird ein zwischenmenschliches Problem angegangen. Häufig kommt es zu persönlichen Angriffen. Für Außenstehende ist der Konflikt nicht immer direkt nachvollziehbar.

Der Form des Konflikts nach werden die heißen und die kalten Konflikte unterschieden.

- **Heißer Konflikt:** Er ist offenkundig, so dass sowohl die Konfliktparteien als auch Außenstehende von seinem Vorliegen Kenntnis haben (können). Die Kontrahenten leiden unter der Situation und arbeiten (auch emotional) an der Beendigung. Dies kann durch Verhandlungen über einen Konsens genauso geschehen, wie durch direkte Angriffe.

- **Kalter Konflikt:** Er ist verdeckt und teilweise den Konfliktparteien selbst nicht bewusst. Er ist dadurch gekennzeichnet, dass eine direkte Konfrontation ausbleibt, da die Kontrahenten sich – und dem Konflikt – lieber aus dem Weg gehen. Kalte Konflikte lassen sich kaum lösen.

5 Konfliktursachen

Gemäß Eisbergmodell[1] haben Konflikte eine sichtbare Seite (den Sachkonflikt) über die die Auseinandersetzung geführt wird und daneben noch eine verborgene/unsichtbare Seite (die Beziehungsseite), die im Hintergrund mitschwingt. Gerade hier finden sich viele unterschiedliche Ursachen für Beziehungskonflikte.

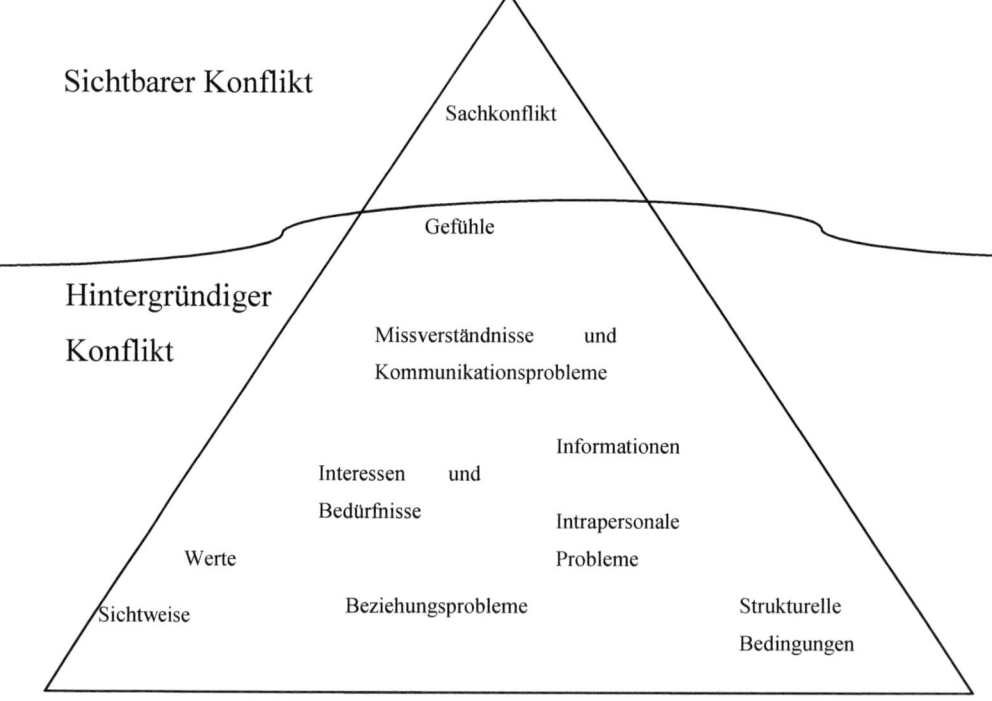

[1] Vgl. Friederichs: Konflikte, Seite 25.

Interessen/Bedürfnisse: Kollidieren Interessen und Bedürfnisse verschiedener Personen (vermeintlich) unvereinbar miteinander kommt es häufig zu Verfolgung der eigenen Interessen in einem Konflikt.

Lösungsmöglichkeit: Identifizierung der hinter dem Konflikt stehenden Bedürfnisse und Interessen.

Gefühle: Erlittene (emotionale) Verletzungen schädigen meist das zwischenmenschliche Verhältnis so nachhaltig, dass aus ihnen Konflikte erwachsen.

Lösungsmöglichkeit: Hinterfragen und Anerkennen der hinter dem Konflikt stehenden Emotionen.

Beziehungsprobleme: Wenn auf der zwischenmenschlichen Ebene Probleme vorliegen, die nicht gelöst oder ausgetragen werden, kommt es meist dazu, dass sich die Konfliktparteien vordergründig allein um Sachkonflikte kümmern. Die zugrunde liegende Problematik wird hierbei völlig außer Acht gelassen, weshalb zumeist ein Sachkonflikt auf den nächsten folgt.

Lösungsmöglichkeit: Beilegung des Beziehungskonflikts statt der Austragung von stellvertretenden Sachkonflikten.

Werte: Wenn Wertvorstellungen, Überzeugungen, Religionen und ähnliches unversöhnlich aufeinandertreffen kann auch hieraus ein Konflikt entstehen.

Lösungsmöglichkeit: Lösung des Sachkonflikts unter Einbeziehung und Beachtung der kollidierenden Wertvorstellungen der Konfliktparteien.

Intrapersonale Probleme: Durch ungelöste innere Konflikte kann es zu einer Verhaltensänderung kommen, die im Miteinander zu anderen Menschen interpersonale Konflikte provoziert.

Lösungsmöglichkeit: Bearbeitung unter psychotherapeutischer Anleitung, sofern die intrapersonalen Probleme entsprechend gravierend sind.

Missverständnisse/Kommunikationsprobleme: Findet zwischen den Konfliktparteien eine mangelhafte Kommunikation statt, so kann es zu Fehleinschätzungen und –interpretationen der Äußerungen und

Verhaltensweisen des anderen kommen, die dann einen Konflikt auslösen.

Lösungsmöglichkeit: Klärung der bisherigen Beobachtungen, Annahmen und Interpretationen in Anwesenheit der anderen Konfliktpartei. So können gegebenenfalls falsche Annahmen korrigiert und klar gestellt werden.

Informationen: Sind Informationen ungleich verteilt – hat also eine Partei gegenüber der anderen einen Informationsvorteil – so kann dies die Beziehung negativ beeinträchtigen, da die Betroffenen sich nicht mehr auf Augenhöhe austauschen können.

Lösungsmöglichkeit: Beseitigung des Informationsgefälles und Schaffung von Transparenz über das eigene Wissen und die vorliegenden Informationen.

Sichtweise: Sachkonflikte resultieren teilweise auch aus Beziehungsproblemen, die von den Betroffenen ausgeblendet werden. Versuchen Konfliktparteien eines Beziehungskonflikts diesen umzuinterpretieren, um ihn nicht mehr wahrnehmen und angehen zu müssen, so verlagert sich dieser auf eine vordergründige Sachebene.

Lösungsmöglichkeit: Verdeutlichen der beiderseitigen Konfliktbetroffenheit mit dem Ziel diesen dann für ein künftiges besseres Miteinander angehen zu können.

Strukturelle Bedingungen: Auch äußere Rahmenbedingungen (zum Beispiel Hierarchien, Machtverhältnisse, Ressourcenzugang etc.) können einen Konflikt begünstigen.

Lösungsmöglichkeit: Beilegung in einem fairen Verfahren unter neutraler Moderation.

6   Eskalationsstufen eines Konflikts

Ein Konflikt eskaliert – wenn er nicht gelöst wird – in neun Stufen[2].

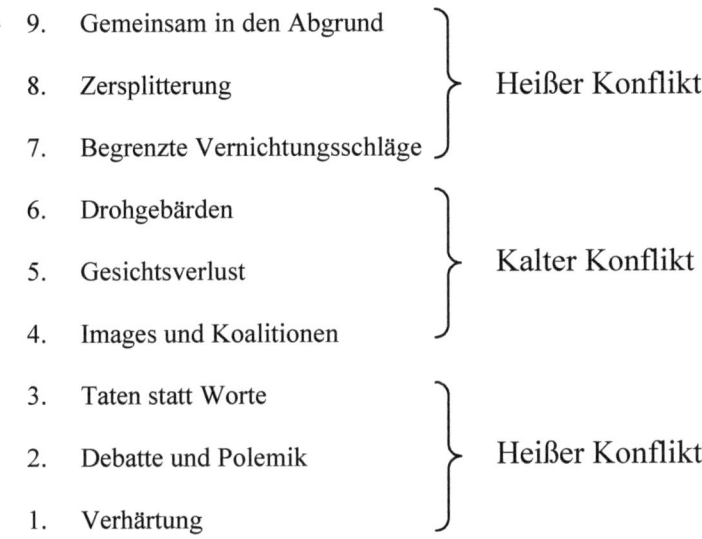

9. Gemeinsam in den Abgrund
8. Zersplitterung   Heißer Konflikt
7. Begrenzte Vernichtungsschläge

6. Drohgebärden
5. Gesichtsverlust   Kalter Konflikt
4. Images und Koalitionen

3. Taten statt Worte
2. Debatte und Polemik   Heißer Konflikt
1. Verhärtung

1. **Verhärtung**: Den Konfliktparteien wird bewusst, dass ihre Sichtweisen auseinanderklaffen. Sie beharren auf ihren jeweiligen Standpunkten.

2. **Debatte und Polemik**: Die Kontrahenten reizen sich durch ihre polemischen Angriffe gegenseitig und

---

[2] Eskalationsstufen nach Friedrich Glasl.

bringen immer wieder die gleichen Argumente zu ihren Gunsten vor.

3. **Taten statt Worte**: Den Konfliktparteien erscheint eine Lösung des Konflikts nicht mehr möglich. Deshalb grenzen sie sich voneinander ab.

4. **Images und Koalitionen**: Die Wahrnehmung des anderen wird verzerrt. Er wird nur noch negativ gesehen und sein Verhalten entsprechend interpretiert. Die Konfliktparteien suchen Allianzen und bilden Koalitionen gegen die gegnerische Partei.

5. **Gesichtsverlust**: Die bisherige Vorgeschichte wird unter der – inzwischen – verzerrten Wahrnehmung des Gegners neu bewertet und reflektiert. Es wird hergeleitet, dass der Konflikt sich aufgrund des Verhaltens des Kontrahenten zwangsläufig ergeben musste.

6. **Drohgebärden**: Die Konfliktparteien bedrohen sich gegenseitig. Dies kann den Konflikt beenden, wenn der Bedrohte sich einschüchtern lässt und nachgibt. Ist dies nicht der Fall droht eine weitere Eskalation, da der Drohende sich nun dem Dilemma ausgesetzt sieht,

entweder die Drohung wahr zu machen oder andernfalls unglaubwürdig zu erscheinen.

7. **begrenzte Vernichtungsschläge**: Es geht darum, den Anderen zu schädigen. Dies kann körperlich, psychisch oder in sonstiger Art und Weise erfolgen. Eine Vernichtung des Kontrahenten ist hierbei noch nicht gewünscht.

8. **Zersplitterung**: Auf dieser Eskalationsstufe ist es in Ordnung, wenn man selbst Verluste erleidet. Wichtig ist allerdings immer dafür zu sorgen, dass die Verluste der anderen Konfliktpartei größer sind.

9. **gemeinsam in den Abgrund**: Es geht nur noch darum den Gegner zu vernichten. Dies wird – in letzter Konsequenz – dadurch erreicht, dass man sich selbst opfert (notfalls mit ruiniert).

Je nach erreichter Eskalationsstufe ist die Beilegung des Konflikts mit unterschiedlichen Ergebnissen möglich.

Die Phasen 1 – 3 lassen sich (noch) gütlich beenden. Ein Win-win-Ergebnis kann erzielt werden, wenn eine

Konfliktpartei vom eigenen Standpunkt abrückt und sich auf die andere zubewegt und diese ihr sodann ebenfalls entgegenkommt. Nur in diesen Phasen ist eine Selbsthilfe möglich.

Die Phasen 4 – 6 können durch einen externen Moderator oder Schlichter beendet werden. Da beide Konfliktparteien allerdings nicht mehr bereit sind, sich aufeinander zuzubewegen, ist nur noch ein Win-lose-Ergebnis denkbar, bei dem die Auseinandersetzung zu Gunsten des einen und zu Ungunsten des anderen ausgeht.

Die Phasen 7 – 9 enden in einem Lose-lose-Ergebnis. Sie können – auch von außen – nur noch durch extremen Machteinsatz beendet werden. Da der Konflikt hierbei inhaltlich nicht gelöst wird, sondern vielmehr die Konfliktparteien nur aus Angst oder Ohnmacht gegenüber der Machtinstanz den Konflikt nicht weiter fortführen, ist ein erneutes Aufkommen oder ein kalter Konflikt nicht auszuschließen.

7   Symptome eines Konflikts

Ist man an einem Konflikt beteiligt, so wirkt sich dies (negativ) auf die eigene Person aus. Die auftretenden Veränderungen sind:

Emotionale Beteiligung: Konfliktparteien können kaum noch abschalten, da ihre Gedanken permanent um das Konfliktgeschehen kreisen. Es ist nicht mehr möglich an dem Kontrahenten noch etwas Positives zu sehen.

Negativer Einfluss auf Beziehungen: Der Konflikt wird als ein nicht mehr gut zu machendes Verbrechen erlebt. Die zwischenmenschliche Beziehung wird so unwiderruflich zerstört, dass es nicht mehr möglich ist, dem anderen wirklich zu verzeihen oder ihm unvoreingenommen zu begegnen.

Veränderte Wahrnehmung: Es scheint, als wäre man selbst als Einziger an einer Lösung interessiert, während der rundum böse Gegenpart immer weiter intrigiert und den nächsten Schlag plant.

Veränderte Absichten und Ziele: Zu Beginn eines Konflikts sind in der Regel noch alle Betroffenen an der Beilegung des Konflikts interessiert. Dauert dieser jedoch an, so ändern sich die Ziele. Es geht irgendwann nur noch allein darum, den Gegner zu vernichten.

Verhaltensänderung: Die Kontrahenten gehen sich aus dem Weg und beginnen damit Allianzen und Koalitionen gegeneinander zu schmieden.

Verlagerung auf Beziehungsebene: Es ist nicht mehr möglich, dass die Konfliktparteien über die Sache sprechen. Vielmehr werden nur noch persönliche Angriffe auf der Beziehungsebene ausgetragen, die der Vernichtung des Gegners dienen sollen. Logische Argumente haben hier keinen Platz mehr.

8 Konfliktsignale eines verdeckten Konflikts

Da nicht jeder Konflikt offen ausgetragen wird, ist es hilfreich die Signale zu erkennen, die auf einen verdeckten Konflikt schließen lassen.

Flucht: Die Flucht führt dazu, dass die Kontrahenten vermeiden einander zu begegnen oder unnötig viel miteinander zu tun zu haben.

Ablehnung und Widerstand: Durch die Ablehnung der anderen Konfliktpartei und dem ihr entgegengebrachten Widerstand kommt es zu häufigem Widerspruch.

Aggressivität und Feindseligkeit: Die Aggressivität und Feindseligkeit der einen gegenüber der anderen Konfliktpartei äußert sich unter anderem in vernichtenden Blicken, persönlichen Angriffen und Schmähungen.

Formalität: Die Formalität führt dazu, dass die Konfliktparteien darum bemüht sind, dem anderen gegenüber korrekt aufzutreten. Es soll vermieden werden, wegen eines unangebrachten Umgangs gemaßregelt zu werden oder eine unnötige Angriffsfläche zu bieten.

Intrigen und Gerüchte: Bei den Intrigen und Gerüchten wird versucht, die andere Konfliktpartei mit (teils) unwahren Behauptungen schlecht zu machen und zu diskreditieren.

Verweigerung: Ist eine Konfliktpartei auf die andere angewiesen, so kann letztere durch Vergessen, Verzögern und ähnliche Verhaltensweisen dafür sorgen, dass die abhängige Konfliktpartei in die Bredouille kommt.

Täuschung: Durch Täuschung wird versucht, die eigenen Gefühle zu verbergen oder auch die eigenen Handlungen unvorhersehbar werden zu lassen.

Desinteresse: Desinteresse wird zumeist dadurch ausgedrückt, dass sich die betroffene Konfliktpartei absondert und zurückzieht, um ihre Ruhe zu haben.

Sturheit und Uneinsichtigkeit: Sowohl die Sturheit als auch die Uneinsichtigkeit drücken sich dadurch aus, dass auf dem eigenen Standpunkt als einzig wahrem beharrt wird. Ein Abrücken von diesem ist nicht möglich.

9   Konfliktstile

Konfliktstile geben an, mit welchem Verhalten der Einzelne auf einen ihn betreffenden Konflikt reagiert. Hierbei lassen sich die fünf in der nachfolgenden Abbildung[3] dargestellten Konfliktstile unterscheiden.

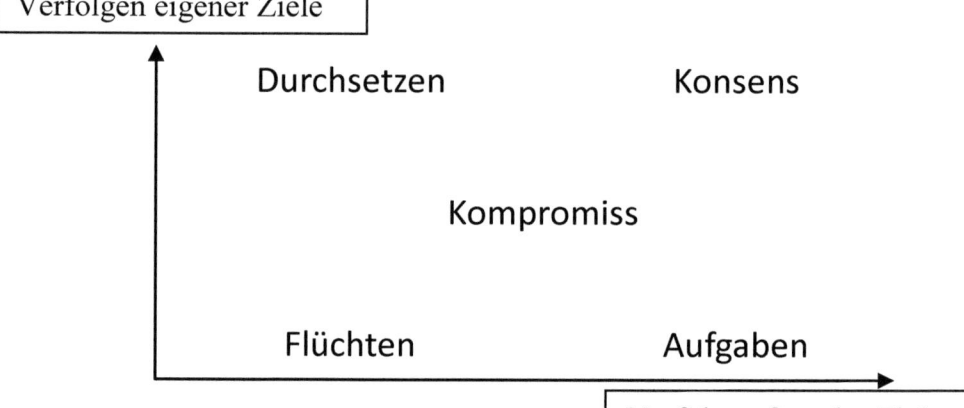

Konsens: Der Konsens ist die bestmögliche Beilegung eines Konflikts. Um ihn zu erzielen versuchen die Konfliktparteien gemeinsam möglichst viele ihrer Interessen umzusetzen, ohne dabei der Gegenpartei zu schaden.

---

[3] Vgl. Wahlbrühl: Wirtschaftspsychologie, Seite 200.

Kompromiss: Der Kompromiss stellt eine Konflikt-beilegung auf Zeit dar. Da die Konfliktparteien beide Abstriche bei ihren eigenen Interessen und Zielen machen und sich (stärker als beim Konsens) aufeinander zubewegen, werden nach einer gewissen Zeit (Ruhe-phase) erneute Konflikte aufkommen. Mit diesen versuchen die Konfliktparteien ihre bisher unberücksichtigten zentralen Anliegen doch noch durchzusetzen.

Durchsetzen: Beim Durchsetzen geht es darum, ohne Rücksicht auf die Interessen und Belange der anderen Konfliktpartei die eigenen Ziele (notfalls mit Gewalt) durchzusetzen.

Aufgeben: Das Aufgeben ist dadurch gekennzeichnet, dass um des lieben Friedens Willen oder aus einer reinen Hoffnungslosigkeit (den Konflikt bestehen zu können) sich die eine Konfliktpartei der anderen gegenüber absolut und bedingungslos unterwirft. Hierdurch gibt sie ihre eigenen Interessen zu Gunsten der Interessen der anderen Konfliktpartei auf.

Flüchten: Beim Flüchten wird versucht, den Konflikt auszusitzen und zu Umgehen, indem man ihm aus dem Weg geht und ihn ignoriert.

Da beim Durchsetzen, Flüchten und Aufgeben jeweils die Interessen und Bedürfnisse mindestens einer Konfliktpartei komplett missachtet werden und auch beim Kompromiss beide Konfliktparteien nicht dauerhaft zufrieden gestellt werden, sollten diese Konfliktstile und –beilegungswege möglichst zugunsten eines Konsens vermieden werden.

10 Dos und Don'ts im Konfliktmanagement

Die nachfolgende Tabelle stellt die Verhaltensweisen dar, die im Konfliktfall förderlich (Dos) und nachteilig (Don'ts) zur Erreichung eines Konsens sind.

Dos	Don'ts
Frühzeitiges Ansprechen des Konflikts	Versuchen Konflikt auszusitzen
Sache und Beziehung/Emotion trennen	Vermischen von Sache und Beziehung/Emotion
Win-win anstreben	Win-lose oder Lose-lose anstreben
Respektvoller Umgang	Persönliche Angriffe
Keine Schuldzuweisungen	Schuldzuweisungen machen
Blickwinkel wechseln	Eigenen Blickwinkel als einzig wahren betrachten
Gemeinsamkeiten betonen	Trennendes hervorheben
Offen alle Lösungsmöglichkeiten betrachten	Auf eine einzige Lösungsmöglichkeit fixieren

Gesprächstechniken nutzen	Gesprächstechniken nicht nutzen
Interessen beachten	Interessen missachten
Neutrale Dritte zuziehen	Befangene Dritte zuziehen

Erläuterungen:

Um eine Eskalation des Konflikts zu vermeiden, ist es sinnvoll bereits beim ersten Verdacht auf das Vorliegen eines Konflikts diesen auch anzusprechen. Allein durch Zuwarten wird sich der Konflikt nicht bessern.

Wichtig ist es, zu prüfen ob es im Konflikt tatsächlich um die Sache oder vielmehr um unausgesprochene Gefühle oder Probleme in der Beziehung geht. Ein Sachkonflikt kann nicht gelöst werden, wenn nur auf der persönlichen Ebene über Gefühle und die zwischenmenschliche Beziehung gestritten wird. Umgedreht lässt sich ein Beziehungskonflikt nicht lösen, wenn nur vordergründig ein Sachkonflikt ausgetragen wird und die zugrundeliegenden Emotionen nicht aufgearbeitet werden.

Im Rahmen eines Konsenses sollte als Ergebnis eines Konflikts eine Win-win-Situation angestrebt werden. Wird nur eine Win-lose-Situation oder eine Lose-lose-Situation erreicht, wird das dazu führen, dass die unterlegene Konfliktpartei mit dem Ergebnis nicht zufrieden sein wird, weshalb sie einem neuen Konflikt positiv gegenübersteht.

Damit ein Konflikt gelöst werden kann, ist es erforderlich die Regeln eines höflichen und respektvollen Umgangs miteinander zu beachten. Schaffen es die Konfliktparteien nicht, persönliche Angriffe während des Versuchs den Konflikt zu lösen zu unterlassen, so wird deren Streben nach einer Beilegung des Konflikts konterkariert.

Da an einem Konflikt nie allein nur eine Konfliktpartei schuld ist, sind Schuldzuweisungen gegenüber der anderen Konfliktpartei nicht hilfreich.

Durch Konflikte wird die eigene Wahrnehmung häufig verengt. Es ist daher gut, den eigenen Blickwinkel zu verlassen und auch zu reflektieren, wie das eigene Verhalten aus Sicht der anderen Konfliktpartei wirkt.

Gerade für die Findung eines Konsenses ist es nützlich, wenn sich die Konfliktparteien auf ihre Gemeinsamkeiten besinnen und nicht nach dem suchen, was sie voneinander trennt und unterscheidet.

Da bei der Findung eines Konsenses die Interessen aller am Konflikt beteiligter Parteien bestmöglich berücksichtigt werden sollten, ist es wichtig, sich nicht auf eine mögliche Lösung zu fixieren. Vielmehr sollten alle möglichen Lösungen ergebnisoffen diskutiert werden.

Die Konfliktbeilegung kann durch die Nutzung diverser Gesprächstechniken unterstützt werden.

Um zu einem Konsens kommen zu kommen, ist es wichtig, dass die Konfliktparteien sowohl ihre eigenen als auch die fremden Interessen beständig im Blick haben.

Sollten die Konfliktparteien einen Vermittler zuziehen, so ist es wichtig, dass dieser nicht befangen ist

und eine Konfliktpartei einseitig begünstigt. Hinsichtlich des Vermittlers ist absolute Neutralität unver-
zichtbar.

11 Hilfreiche Kommunikation zur Konfliktlösung

Um eine Konfliktbeilegung (idealerweise in Form eines Konsens) zu erreichen empfiehlt es sich sowohl auf verbale als auch die nonverbale Kommunikation zu achten.

Nonverbale Kommunikation: Die nonverbale Kommunikation erfolgt durch Einsatz des Körpers. Hierzu gehören insbesondere der Einsatz der Mimik und Gestik sowie aber auch die Proxemik (also die Stellung und der Platz, den wir im Raum einnehmen).

Hinsichtlich der Proxemik empfiehlt es sich, einen professionellen Abstand (mindestens einen Meter) zur anderen Konfliktpartei einzuhalten. So sollte die persönliche Distanz-/Intimblase nicht unterschritten werden. Andernfalls wird sich die andere Konfliktpartei bedroht und beengt fühlen, was eine sachliche Auseinandersetzung zur Konfliktbeilegung erschwert.

Körpersprachlich empfiehlt es sich auf Dominanzgesten zu verzichten, da diese den Kontrahenten eher aufstacheln und provozieren. Ebenso sollte darauf verzichtet werden, körpersprachlich auf Abstand zum Gegenüber zu gehen und hierdurch Ablehnung und Geringschätzung zu demonstrieren. Beachtet werden sollte:

Aufbauen: Wollen wir uns durchsetzen oder andere Menschen einschüchtern, so richten wir uns auf und nehmen Platz ein. Häufig werden hierzu auch die Hände in die Hüften gestemmt. Einen gewissen Raum zu beanspruchen ist im Rahmen völlig in Ordnung. Es ist jedoch darauf zu achten, dass der Kontrahent nicht so sehr eingeschüchtert wird, dass er seine eigenen Interessen gar nicht mehr vorbringen wird.

Armeverschränken: Das Verschränken der Arme kommt häufig dann zum Einsatz, wenn man streng wirken oder sich vom Anderen abgrenzen möchte. Für eine offene Atmosphäre ist dies eher hemmend.

Blickkontakt: Dieser ist generell förderlich, da sich hierdurch die Konfliktparteien einander zuwenden. Des Guten zu viel liegt allerdings dann vor, wenn der

Andere gar nicht mehr aus den Augen gelassen oder gar an oder nieder gestarrt wird.

Berührungen: Ein ungefragtes Berühren des Anderen, mit welchem die eigene Souveränität und Überlegenheit demonstriert werden soll, ist aufdringlich und daher wenig förderlich hinsichtlich der Konsensfindung.

Zeigefinger: Das Erheben des mahnenden Zeigefingers sowie das direkte Deuten auf eine andere Person wirkt anklagend und ist daher zu unterlassen.

Zurücklehnen: Wenn wir eine Person nicht mögen oder mit ihren Aussagen nicht übereinstimmen, lehnen wir uns unbewusst von dieser Person weg.

Positive körpersprachliche Signale, die einen Konsens und eine Konfliktbeilegung begünstigen, können sein:

Offene Hände: Sieht man, dass der Kontrahent mit leeren Händen (also unbewaffnet) vor einem steht, so fällt es leichter, ihm das Kommen in friedlicher Absicht abzunehmen. Unbewusst wirkt man friedfertiger, wenn man die eigenen Hände nicht vor dem Gegenüber versteckt, sondern sie offen zeigt und auch bei Gesten verwenden.

Spiegeln: Unter Spiegeln wird verstanden, dass ein Gesprächspartner das (körpersprachliche) Verhalten des anderen Gesprächspartners (zeitverzögert) imitiert. Dies geschieht unbewusst immer dann, wenn uns eine andere Person sympathisch ist und wir dies auch zeigen möchten. Bei einem bewussten Spiegeln sollte darauf geachtet werden, dass es nicht so wirkt, als ob man den Anderen nachmachen oder sich über ihn lustig machen möchte.

Zuwenden: Das Ausrichten des kompletten Körpers auf das Gegenüber signalisiert Interesse und Aufgeschlossenheit. Es wird sich auf die Konfliktbeilegung positiv auswirken, wenn man sich komplett dem Gegenüber zuwendet und ihm zudreht (und nicht etwa immer nur den Kopf oder Rumpf in seine Richtung dreht).

Auch verbal können einige Aspekte beachtet werden.

Gewaltfreie Kommunikation: Im Rahmen der gewaltfreien Kommunikation geht es darum, den anderen Konfliktbeteiligten nicht für die eigenen Gefühle verantwortlich zu machen. Vielmehr wird hier vorwurfsfrei kommuniziert, was man selbst beobachtet, welche Gefühle dies bei einem selbst auslöst, welche Bedürfnisse dabei missachtet werden und anschließend wird eine Bitte formuliert, durch welche der Angesprochene sich überlegen kann, ob er – aus Rücksicht auf den Sprecher – dieser nachkommt oder eben nicht.

Metakommunikation: Hierunter wird eine Kommunikation über die Art der geführten Kommunikation verstanden. Es geht also darum, miteinander darüber zu sprechen, wie welche Aussagen verstanden und interpretiert wurden und warum welche Reaktion darauf erfolgte. Es ist notwendig, auch über die eigenen Gefühle und Wahrnehmungen zu sprechen. Einseitig kann sie allerdings nicht durchgeführt werden, wenn das Gegenüber eine Metakommunikation verweigert.

Grundgedanken zur Kommunikation: Ferner sollte auch daran gedacht werden, dass:

1. **Nicht alles Gedachte auch gesagt wurde**: Die andere Konfliktpartei kann Gedanken die nicht ausgesprochen werden nicht erahnen.

2. **Nicht alles Gesagte auch gehört wurde**: Wenn die Aufmerksamkeit abgelenkt ist oder Störgeräusche oder Ohrprobleme das Hören erschweren, kommt nicht alles, was ausgesprochen wird, auch beim anderen akustisch an.

3. **Nicht alles Gehörte auch verstanden wurde**: Nicht alles, was gehört wird, kann verstanden werden. Beispielsweise eine Fach- oder Fremdsprache kann ein Verstehen gegebenenfalls unmöglich machen.

4. **Man nicht mit allem, was verstanden wird, auch einverstanden ist**: Es gibt immer die Möglichkeit, dass man dem, was man hört nicht zustimmen kann. Hier hilft gegebenenfalls eine Überzeugung durch Fakten.

5. Ein einverstanden sein kein Behalten garantiert: Sollten Vereinbarungen einvernehmlich getroffen worden sein, so kann es dennoch passieren, dass diese vergessen wird. Dies ist nicht immer böse Absicht. Vielmehr kann die Vereinbarung auch aufgrund von Stress einfach untergehen.

6. Eine behaltene Vereinbarung nicht automatisch umgesetzt wird: Es ist daher hilfreich gemeinsam bei Abschluss der Vereinbarung zu überlegen, ob es bei der Umsetzung irgendwelche Hindernisse zu überwinden gibt. Ist dies der Fall, so sollte deren Überwindung bereits mit besprochen und gegenseitig unterstützt werden.

7. Aus der Anwendung nicht zwingend eine Veränderung resultiert: Die zugrunde liegenden Persönlichkeiten und Konfliktpotenziale sind vielleicht noch nicht ausgeräumt. Es ist daher gelegentlich notwendig, sich gegenseitig an die Einhaltung der getroffenen Vereinbarung zur Aufrechterhaltung eines gelingenden Miteinanders zu erinnern.

Nutzung von Ich-Botschaften: Häufig neigen Konfliktparteien dazu, den Kontrahenten mit Du-Botschaften zu attackieren. Hierbei werden meist Vorwürfe, Beleidigungen, Unterstellungen etc. geäußert. In der Konfliktbeilegung nimmt es Spannung aus der Beziehung, wenn jeder nur über seine Handlungen, Gefühle, Empfindungen, Bedürfnisse und Beobachtungen spricht, ohne hierbei den anderen direkt anzugehen. Daher sollten Ich-Botschaften genutzt werden.

12 Grundlagen der Mediation

Mediation (lateinisch für Vermitteln) ist ein Schlichtungsverfahren, bei dem die Konfliktparteien eigenständig unter der neutralen Leitung und Moderation eines Mediators eine tragfähige Lösung zur Konfliktbeilegung erarbeiten.

Das Verfahren verläuft in den folgenden Schritten:

Vorphase: In der Vorphase geht es darum, dass sich die Konfliktparteien auf die Mediation als Konfliktbeilegungsverfahren einigen und auf einen Mediator verständigen. Ort, Termine, Kostentragung und weitere organisatorische Dinge werden in dieser Phase geklärt.

Hauptphase: Die Hauptphase verläuft in insgesamt fünf Schritten. Dies sind:

Einleitung: Hier werden Regeln für das Verfahren und insbesondere die Rolle des Mediators vorgestellt. Informationen über den Konflikt werden ausgetauscht und von den Konfliktparteien ergänzt, damit alle Verfahrensbeteiligten auf dem gleichen Stand sind.

Konfliktdarstellung: Hier wird der Konflikt aus Sicht aller Beteiligten dargestellt. Es werden die Punkte gesammelt, die aus Sicht der Betroffenen behandelt und gelöst werden sollen. Es ist darauf zu achten, dass jeder aussprechen kann. Notwendige Ergänzungen und Korrekturen können nach der jeweiligen Darstellung des Konflikts vorgenommen werden. Meist ist der Mediator hier noch Mittelsmann, da eine direkte Kommunikation zwischen den Betroffenen noch nicht möglich ist.

Konflikterhellung: Neben der bisher durchgeführten Erörterung des Sachkonflikts sollen nun auch die zugrundeliegenden Bedürfnisse, Interessen und Wünsche sowie die mit dem Konflikt einhergehenden Emotionen aufgedeckt werden – damit auch der Beziehungskonflikt befriedet werden kann.

Konfliktlösung: Durch die Nutzung von Kreativitätstechniken werden nun alle möglichen (und teilweise auch unmöglichen) Lösungswege erarbeitet und gesammelt. Die Konfliktparteien diskutieren diese und verhandeln über sie oder verwerfen sie.

Vereinbarung: Die getroffene Lösung wird anschließend in einer schriftlichen Vereinbarung (zwecks Nachweisbarkeit und Transparenz) fixiert.

Umsetzungsphase: Nach Abschluss der Mediation geht es an die Umsetzung der erarbeiteten Lösung. Diese sollte nach einer zuvor vereinbarten Zeit hinsichtlich des Erfolgs kontrolliert werden. Bei Bedarf kann die Lösung nachverhandelt und ergänzt werden.

Das Verfahren kann nur gelingen, wenn die Konfliktparteien sich hierauf einlassen und der Mediator einige Punkte beachtet. So muss er zwingend neutral und allparteilich sein. Er muss sich mit Wertungen und Verurteilungen zurück halten. Ferner hat er auch dafür zu sorgen, dass das Verfahren ergebnisoffen durchgeführt wird. Er unterstützt mit Kreativitätstechniken, moderiert die Verhandlungen und achtet auf einen

respektvollen Umgang der Konfliktparteien unterei-
nander.

13 Schlusswort

Wie Sie gesehen haben, ist es sinnvoll Konflikte einem Konsens zuzuführen. Dies kann nur gelingen, wenn die Anliegen und Interessen aller Konfliktparteien gleichwertig gewürdigt und offen kommuniziert werden.

Die Wahrscheinlichkeit der friedlichen Konfliktbeilegung kann durch spezielle Vorgehensweisen unterstützt werden und ist immer dann recht hoch, wenn der Konflikt selbst noch nicht zu weit eskaliert ist.

Wichtig ist bei der Bearbeitung jeden Konflikts auch, dass nicht nur der im Vordergrund geführte Sachkonflikt gelöst, sondern vielmehr auch die ihm zugrunde liegenden verborgenen Konfliktursachen bearbeitet werden.

Mit diesem Wissen wünsche ich Ihnen viel Erfolg im Umgang mit den eigenen Konflikten. Sollte es mir gelungen sein, Ihr Interesse rund um das Thema Konfliktmanagement zu wecken, so empfehle ich Ihnen zur vertiefenden Ergänzung die Titel, die ich für Sie im Literaturverzeichnis zusammen gefasst habe und die der vorliegenden Arbeit als Grundlage dienen.

Literaturverzeichnis

Basu, Andreas/Faust, Liane: Gewaltfreie Kommunikation, 3. Auflage, Freiburg, 2015.

Fehlau, Eberhard G./Stock, Christian: Konfliktmanagement, 1. Auflage, Freiburg, 2012.

Friederichs, Miachela: Mediator/in, Studienbrief 2: Grundlagen der Mediation, unbekannten Datums.

Friederichs, Miachela: Mediator/in, Studienbrief 3: Konflikte, unbekannten Datums.

Jiranek, Heinz/Edmüller, Andreas: Konfliktmanagement, 5. Auflage, Freiburg, 2017.

Koerberle-Petzschner, Editha: Grundlagen der Kommunikation, 1. Auflage, München, 2008.

Kraft, Peter Maximilian: Konfliktmanagement – Konflikte lösen wie ein Profi, 1. Ausgabe, Breslau, 2019.

Loewenstein, Julius: Körpersprache, Menschen lesen, 1. Auflage, Breslau, 2019.

Navarro, Joe: Menschen lesen, 20. Auflage, München, 2019.

Schulz von Thun, Friedemann: Miteinander reden: 1, Sonderausgabe, Reinbek bei Hamburg, 2014.

Wahlbrühl, Ulrich: Wirtschaftspsychologie, 1. Auflage, Weinheim, 2014.

14 Raum für Notizen